edition suhrkamp 2186

Kurt Aebli ist ein philosophischer Sprachspieler, der mit hintergründigem Witz und aus unerwarteten Perspektiven die Wirklichkeit anschaut und neu entwirft. Im Nichts erblickt er plötzlich die Welt und nickt dem Nebel zu, während er sein Lachen in den Abgrund steuert. So ertönt *Ein Gelächter / das sich einmal um sich/selber dreht und mir/vor die Füße sackt.*

Aeblis Prosa ist immer poetisch, und seine Gedichte erzählen kleine Geschichten; all seine Texte sind präzis zugespitzt. Sie erzielen ihre überraschenden Momente nicht selten aus der Verkehrung, aus den liebevoll-boshaften Beobachtungen der Skurrilitäten des Alltags.

Aebli, geb. 1955, lebt in Zürich. Er hat zuletzt Prosabücher veröffentlicht: Küß mich einmal ordentlich. Prosa (1990), Mein Arkadien. Prosa (1994), Frederik. Erzählung (1997). Jetzt legt er seit langer Zeit wieder einen Gedichtband vor.

Kurt Aebli
Die Uhr

Gedichte

Suhrkamp

edition suhrkamp 2186
Erste Auflage 2000
© Suhrkamp Verlag Frankfurt am Main 2000
Erstausgabe
Alle Rechte vorbehalten, insbesondere das der Übersetzung,
des öffentlichen Vortrags sowie der Übertragung durch Rundfunk
und Fernsehen, auch einzelner Teile.
Kein Teil des Werkes darf in irgendeiner Form (durch Fotografie,
Mikrofilm oder andere Verfahren) ohne schriftliche Genehmigung
des Verlages reproduziert oder unter Verwendung elektronischer
Systeme verarbeitet, vervielfältigt oder verbreitet werden.
Druck: Nomos Verlagsgesellschaft, Baden-Baden
Umschlag, gestaltet nach einem Konzept
von Willy Fleckhaus: Rolf Staudt
Printed in Germany

1 2 3 4 5 6 – 05 04 03 02 01 00

Die Sonne grenzt sich ab

Durch Spiegelung Entfachtes

Ich oder
ein Wanderer

Ich bin umgezogen
wohne jetzt in meinen Schuhen
meine Adresse wechselt
mit jedem Schritt

Preßluftgehämmer
Bruchteile der
Welt auf den
Punkt gebracht

Auf meiner Straßenseite Maschinen
die stillstehn

Mehrstöckiges Schweigen
im Rohzustand
von einem Eindringling
heimlich bewohnt

Die Straße
richtet das Wort an mich

Hasenmattstraße
Scheltenstraße
Krachenrain

Alle Menschen sind Konferenzteilnehmer

Sogar oben auf dem Dachfirst rittlings
hängt einer ohne Draht
am Draht

Ein Ziel das ich unterwegs
irgendwo mitlaufen lasse

Kleine Delikte ohne Bedeutung
verkürzen mir die Zeit

Im phosphorgrünen Hemd
Sommer
schwitzend am Ende
der Straße

Die Luft riecht vorübergehend
nach Weißwein
aus einem offenen Fenster schwippt
ein Stimmencocktail feierabendlich
sprudelnder Empfang bei Firma So&so
Bowle an der genippt zu haben
eine Art Geschmack
hinterläßt

Regentropfen in der vormittäglichen Stille

Die Straße
die sich unter meinen Schritten
duckt
wird von einem Humpelnden
getröstet

Zweidimensional gewordener gefiederter
Freund
in den kalten Asphalt gewalzt
Vogelkonfitüre himmelschweigend
Miniaturfresko mit geöffneten Schwingen
zur Seite gedrehtem Schnabel
Spatzenkrautundrüben flachgepreßt
fürs Herbarium Fahrbahn

Entgleister Violinschlüssel
von herumkurvenden Motorrädern
in den Sumpf einer Grünanlage
geschrieben

Mir hängt die Stimme
auf den Bauch

Gott ist der Nebel

Bemühungen zur Überwindung
der Rindfleischkrise
aromatisieren die Atmosphäre

Kirchenglocken bearbeiten die Luft
bis ihr der Atem ausgeht

Eine der Welten bleibt
hinter Glas

Bahnhofpassage morgens
Abkömmlinge der Vorstadt
ultrabeschleunigt
Menschengeschosse
Teilchen die dem Auge
nicht Zeit lassen
ihren Kurs zu berechnen
ein schnurloser Herr
zückt seine Stimme in Eile
bläst Staub einer Nacht
vom Apparat
eine Frau
trauert ihr Gesicht
an mir vorbei

Jahreszeiten
das Spiel der andern

Elektrisches Licht
gibt die entscheidenden Befehle

Mir kommen Steine in den Sinn keine Gedanken

Sausundbrausmaschine
die mich zwischen die Zähne bekommt
sich festbeißt

Portables Empfangsgerät
das den Hund ersetzt
Kampfbestie Rasse Singsang
ohne Halsband ohne Maulkorb
auf das Hirn dressiert
das sich selbst
verdaut

Ein Tag hinter dem sich nichts verbirgt

Das Schmerzvollste die Oberfläche
die Schmerzlosigkeit

Aus der Vogelperspektive
zuschauen
wie ich gehe
weit unten
auf dem Rückweg

langsam
automatisch
endlich automatisch

Wunschfinsternis

Come in
ich habe keine Feinde
ich habe nur Städte
ich repräsentiere
Rauch
aus einem Kamin

Der Tag drückt ab
ich erwache ausgelöscht

Mein Land ohne Ausgang
durch die Sprache
verlassen

Ein bunter Verlierer

Ich habe im Nichts
das Licht der Welt erblickt

Jeder kann durch mich hindurch
ohne Aufwand
kein Wissen
stellt sich in den Weg

Auf eine Zeit warten
die sich gewaschen hat

einen Tango
der sich selber
unter dem Mikroskop
betrachtet
immer im Ohr

Ich dufte nach Transparenz

Ich habe noch gar nichts
gesagt

Alles was ich gesagt habe
ist nicht von mir

Von mir ist nur das Eis
die Müdigkeit

In vielen Namen
spurlos vorhanden

Ich bewege mich
als Windstille
verkleidet

Ein gewisser Kopf
das Zimmer
in dem manchmal
das Licht ausgeht

Ein gewisser Gedanke
das Zimmer
in dem ich immer
allein sitze

Ein gewisses Wort
das Zimmer
in dem ich schon
gestorben bin

Eine schmale trockene Stunde
bin ich für jeden
sichtbar

bloße Konvention
lose Invention

fallengelassen
lallengelassen

so oder
wo

Auf Totenskiern fahren

Begnadetes Ungeziefer
von fleischfressenden Namen
verfolgt

Mein Atem versucht
sich dünn zu machen
wie der Schlußstrich
unter alle Farben

Meine Farben
passen nicht zueinander

Es sind zu viele Farben

Vor eine unlösbare Aufgabe gestellt
durch meine natürliche Ausdehnung

Fuß vor Fuß
Wort vor Wort
Nie vor Immer
Immer vor Nie

tagelanges Laborieren
an einem einzigen Spaziergang
der nie anfängt
nie aufhört

Die Stadt stammt vom Gestammel ab
ihre Formulierungen stockende Kolonnen

Schaufensterpräsentationen
Kehrichtverbrennungsanlagen
Kathedralen

werwoherwarumwohin
am Rand irgendwo ich

für alles hat die Stadt
eine Erklärung

Der noch unmündige Tag
mir schon um Lügen voraus

Das mir ins Gesicht geschriebene
Unmenschenmögliche
ein schwerhöriges Lächeln

Ich höre eine Nacht kommen
die mir das Bellen beibringt

Ein anderer
spuckt sich selber
auf den Gehsteig

Das Licht entweicht
ohne das Licht gewesen zu sein

Erster Buchstabe eines Wortes
erster Tropfen einer Wortwolga

Menschen die auspolstern
was ihnen in die Hände fällt

Menschen
die weitflächig alles niedertrampeln
und dann Plastikröhren
soweit das Auge reicht

Nie vor Immer

»*Ich bin nicht tot. Ich wurde nicht geboren.*«

Vladimir Kazakov

Durch den Zeitwolf gedreht
vom September um meine Vollzähligkeit gebracht
den Ort des Sprechens aus den Augen verloren
den Ort des Schweigens

Ein Gelächter
das sich einmal um sich
selber dreht und mir
vor die Füße sackt

Zurückbuchstabierte Gegend

Ein einzelner Nichthiermensch
fällt ins Gesicht

Nichts löscht die Lachstürme

Augenclown

in meiner
Wunschfinsternis

Vom Weltall abgeschüttelt
wieder umgeben von Wörtern
die nichts mit mir anzufangen wissen
mich auf einen Haufen kehren
und mir beim Vermodern zusehen

Ich bin alles
was ich endgültig
ausgelöscht habe

Nie dürfte etwas wirklich
in Erscheinung getreten sein
und ich bin mit Auslöschen beschäftigt
die ganze Zeit

Aus der Perspektive der am Straßenrand
verschimmelnden Brotrinde
zu begreifende
Welt

Unerreichbar
ratternd oder plätschernd
Erfindungen Namen
das Rad oder Gott

Die Sonne grenzt sich ab
das Leben drückt sich um mich

Ich schaue den Buchstaben zu
wie sie vergreisen

Das Zimmer
das Haus die Straße die Stadt
Luft die ich nicht
loswerde

Vom Geräusch Stadtautobahn
gierig umgürtet

Mein erst an drei Ecken
gelöschter Durst
läßt Lastwagen
in die Luft fliegen

Nach einer Schwärze
schnappen

Eine längst annullierte Sache
an Land ziehen

Sand
ungeschehen machen

In der Straßenbahn sitzen
und Gesichter aufsagen

Gesichter aus Luft
Gesichter mit Schlagseite
Gesichter die sich selber wiederkäuen

Methodisch vermiedene Kollisionen
mit längst verabschiedeten Fertigkeiten

nicht davor bewahrt werden
mich in den Staub zu werfen

Mein Gegenüber der Regen

Wenn die Straßen
längst wieder trocken sind
geht unser Gespräch
noch immer
weiter

Ein Mundvoll Weltall

Das Nichts die Uhr
nach der ich zu allem
zu spät komme

Ich lebe nach keiner andern Uhr

Ich kenne kein andres
Zuspätkommen

Mich anschmiegen an den Geruch
in dem ich mir wunschgemäß
abhanden gekommen bin

Abwägen ob es sich lohnt
das längst Verschmähte
nochmals zu verschmähen

Den Augenblick unsichtbar
im Gepäck tragen
jederzeit griffbereit
sicher aufbewahrt
unter Ausreden
und Ausklängen

Etwas Ungelenkes
leicht Auszurottendes
ein nicht vom Fleck Kommen
in den Schatten gestellt
überholt
über eine Wortleere gespannt
fern von den Namen
die jemand aufwirbelt
und aufwirbelt

Während andere mit neu gemischten Karten
ein Heute ausspielen
die nicht erneuerbare Jahreszeit
irgendwie enden sehen

Das Wort hat der Niemand
in keinem von mir

Ich habe nur etwas Farbe
die abblättert

An einem Tag der nicht mit sich reden läßt
Flaute bekennen
dem menschlichen Ermessen
die Haut abziehn

An eine Luftströmung gekettet
von der niemand etwas bemerkt
sehe ich aus
als ob ich mir selbst
nicht entfliehen könnte

In einer belebten Straße
jene beobachten
die mit mir
auf mein schlechtes Gewissen
warten

Das Grab
in das ich mich ungebeten
fallen lasse

Ein Umgelegter der avanciert

Ins Wortlose gemischt
etwas zerschossene Welt

Von Angst
verunreinigtes Pflaster

Darauf achten
wo ich hintrete
bis meine Schritte
auf Bäumen
wachsen

Ein Lachen in den Abgrund
steuern

Dem Nebel zunicken

Ein Opfer
fahrlässiger Begnadigung

Ruine eines Trugschlusses

letztes Häufchen eines Wartens

von einem heranschnellenden Schweigen
mit den nötigsten Flüchen ausgestattet

Fehltritte in die entscheidende Richtung
einüben

Einem Wort als Fluchtweg dienen

Eine andere Geschichte
beknien

Meiner Unkenntlichkeit
ein zusätzliches Rippchen
einpflanzen

Die Frau erfinden

Auf einem weit abgetriebenen
Trottoir

das fehlende
nur durch lebenslange
Abwesenheit
zu ersetzende
Wort

ein Projektil
auf das ein Ziel
abgefeuert
werden soll

Eine an den Herbst
vermietete Wohnung

länger werdende
Schatten
die an den Wänden
horchen

Das Licht
seit Tagen kein Argument
mehr

In ein Vielleicht gekleidet

Gegenstand der verkörpert
was niemand zu wissen braucht

Gerippe einer Farbe
ohne Stimme

ein Mundvoll Weltall

Ungültige Knochen
dem Tod näher
als dem nächsten
Atemzug

Kastanienbraune Flüche
nicht rückgängig zu machende
Staubpartikel
Gedanken
und Bevölkerungen

Die Umrisse
einer ausbleibenden Reaktion
nachzeichnen

wieder und wieder

sonst keine Spur

Von einem Ende zum andern
gehetzte Sprache
ohne Wort das irgendwo
vorläufig
halt macht

Wand gewordene Dämmerung

äußerste Daseins
spitze
die nach nicht Sondierbarem
stochert

Das zum Werkzeug degradierte Licht
scheuen

Gutgeheißenes Elendsquartier

in einem Wort
das von mir abrückt
mich einnisten

Jahre später
mich wieder
an Schnee und Nebel
wärmen

Von einem Abstecher
in ein erfrorenes Lied
träumen

Als Kleinhaut
überwintern

Zahllose Tage das Nichts hüten

mir selber gute Fesselung wünschen

mich langsam wieder erholen
einigermaßen rund werden
zurückrollen
ins Leben

In die Atmosphäre eintreten als
Schneegestöber
nicht mehr entzifferbare
verworfene Mitteilung
kristallin gewordenes Anliegen

Inhalt

Die Sonne grenzt sich ab

Durch Spiegelung Entfachtes 7
Preßluftgehämmer 8
Die Straße 9
Ein Ziel das ich unterwegs 10
Im phosphorgrünen Hemd 11
Regentropfen in der vormittäglichen Stille 12
Zweidimensional gewordener gefiederter 13
Entgleister Violinschlüssel 14
Gott ist der Nebel 15
Bahnhofpassage morgens 16
Jahreszeiten 17
Sausundbrausmaschine 18
Ein Tag hinter dem sich nichts verbirgt 19

Wunschfinsternis

Come in 23
Der Tag drückt ab 24
Mein Land ohne Ausgang 25
Ein bunter Verlierer 26
Jeder kann durch mich hindurch 27
Auf eine Zeit warten 28
Ich dufte nach Transparenz 29

In vielen Namen 30
Ein gewisser Kopf 31
Eine schmale trockene Stunde 32
Auf Totenskiern fahren 33
Mein Atem versucht 34
Vor eine unlösbare Aufgabe gestellt 35
Die Stadt stammt vom Gestammel ab 36
Der noch unmündige Tag 37
Ich höre eine Nacht kommen 38
Erster Buchstabe eines Wortes 39
Menschen die auspolstern 40

Nie vor Immer

Durch den Zeitwolf gedreht 43
Ein Gelächter 44
Zurückbuchstabierte Gegend 45
Vom Weltall abgeschüttelt 46
Ich bin alles 47
Aus der Perspektive der am Straßenrand 48
Die Sonne grenzt sich ab 49
Das Zimmer 50
Vom Geräusch Stadtautobahn 51
Nach einer Schwärze 52
In der Straßenbahn sitzen 53
Methodisch vermiedene Kollisionen 54
Mein Gegenüber der Regen 55

Ein Mundvoll Weltall

Das Nichts die Uhr 59
Mich anschmiegen an den Geruch 60
Den Augenblick unsichtbar 61
Etwas Ungelenkes 62
Während andere mit neu gemischten Karten 63
Das Wort hat der Niemand 64
An einem Tag der nicht mit sich reden läßt 65
An eine Luftströmung gekettet 66
In einer belebten Straße 67
Das Grab 68
Ein Umgelegter der avanciert 69
Von Angst 70
Ein Lachen in den Abgrund 71
Ein Opfer 72
Fehltritte in die entscheidende Richtung 73
Auf einem weit abgetriebenen 74
Eine an den Herbst 75
In ein Vielleicht gekleidet 76
Ungültige Knochen 77
Die Umrisse 78
Von einem Ende zum andern 79
Das zum Werkzeug degradierte Licht 80
Jahre später 81
Zahllose Tage das Nichts hüten 82
In die Atmosphäre eintreten als 83

Neuere deutschsprachige Literatur
im Suhrkamp Verlag
Eine Auswahl

Kurt Aebli
- Frederik. Erzählung. 109 Seiten. Gebunden
- Küß mich einmal ordentlich. Prosa. es 1618. 106 Seiten
- Mein Arkadien. Prosa. es 1885. 115 Seiten
- Die Uhr. Gedichte. es 2186. 90 Seiten

Gion M. Cavelty
- ad absurdum oder Eine Reise ins Buchlabyrinth.
  es 2031. 110 Seiten
- Endlich Nichtleser. st 3131. 120 Seiten
- Quifezit oder Eine Reise im Geigenkoffer.
  es 2001. 106 Seiten
- Tabula rasa oder Eine Reise ins Reich des Irrsinns.
  es 2076. 107 Seiten

Kurt Drawert
- Alles ist einfach. Stück in sieben Szenen. es 1951. 116 Seiten
- Haus ohne Menschen. Zeitmitschriften. es 1831. 120 Seiten
- Privateigentum. Gedichte. es 1584. 138 Seiten
- Spiegelland. Ein deutscher Monolog. es 1715. 157 Seiten
- Steinzeit. es 2151. 160 Seiten

Esther Dischereit
- Joëmis Tisch. Eine jüdische Geschichte. es 1492. 122 Seiten
- Merryn. 118 Seiten. Gebunden
- Übungen, jüdisch zu sein. Aufsätze. es 2067. 150 Seiten

Oswald Egger
- Herde der Rede. Poem. es 2109. 380 Seiten

Werner Fritsch
- Aller Seelen. Golgatha. Stücke und Materialien. es 3402. 200 Seiten
- Cherubim. 254 Seiten. Gebunden
- Es gibt keine Sünde im Süden des Herzens. Stücke. es 2117. 302 Seiten
- Fleischwolf. Gefecht. es 1650. 112 Seiten
- Jenseits. Erzählung. 72 Seiten. Gebunden.
- Die lustigen Weiber von Wiesau. Stück und Materialien. es 3400. 189 Seiten
- Stechapfel. Legende. 102 Seiten. Gebunden
- Steinbruch. es 1554. 53 Seiten

Rainald Goetz
- Abfall für alle. Roman eines Jahres. 800 Seiten. Broschur
- Celebration. Texte und Bilder zur Nacht. es 2118. 286 Seiten
- Dekonspiratione. Erzählung. 140 Seiten
- Festung. Stücke. es 1793. 295 Seiten
- Hirn/Krieg. es 1320. 508 Seiten
- Irre. Roman. Mit zahlreichen Abbildungen. st 1224. 331 Seiten
- Jeff Koons. Stück. 159 Seiten. Englische Broschur
- Kontrolliert. st 1836. 281 Seiten
- Kronos. Berichte. es 1795. 401 Seiten
- Rave. Erzählung. 1998. 271 Seiten. Leinen

Durs Grünbein
- Falten und Fallen. Gedichte. 124 Seiten. Gebunden
- Galilei vermißt Dantes Hölle und bleibt an den Maßen hängen. Aufsätze 1989-1995. 269 Seiten. Gebunden
- Grauzone morgens. Gedichte. es 1507. 93 Seiten
- Nach den Satiren. Gedichte. 1999. 250 Seiten. Gebunden
- Schädelbasislektion. Gedichte. 154 Seiten. Gebunden
- Den Teuren Toten. 33 Epitaphe. 48 Seiten. Büttenbroschur

Norbert Gstrein
- Anderntags. Erzählung. es 1625. 116 Seiten
- Einer. Erzählung. es 1483. 118 Seiten
- Die englischen Jahre. Roman. 360 Seiten. Gebunden
- Der Kommerzialrat. Bericht. st 2718. 148 Seiten
- O2. Novelle. st 2476. 170 Seiten
- Das Register. Roman. st 2298. 230 Seiten
- Selbstportrait mit einer Toten. Roman. 112 Seiten. Gebunden

Katharina Hacker
- Der Bademeister. Roman. 210 Seiten. Gebunden
- Morpheus oder Der Schnabelschuh. es 2092. 126 Seiten
- Tel Aviv. Eine Stadterzählung. es 2008. 145 Seiten

Joachim Helfer
- Cohn & König. Roman. st 3120. 232 Seiten
- Du Idiot Roman. st 2998. 268 Seiten

Peter Henning
- Aus der Spur. Erzählung. st 3156. 120 Seiten
- Tod eines Eisvogels. Roman. st 2908. 135 Seiten

Daniel Kehlmann
- Beerholms Vorstellung. Roman. 288 Seiten
- Mahlers Zeit. Roman. 160 Seiten. Gebunden
- Unter der Sonne. Erzählungen. 112 Seiten

Gerhard Kelling
- Beckersons Buch. Roman. 1999. 269 Seiten. Gebunden

Ady Henry Kiss
- Atlantic City. Erzählungen. st 2838. 230 Seiten
- Baker's Barn. Roman. st 2633. 338 Seiten
- Canyons. Roman. st 3096. 160 Seiten
- Manhatten II. Roman. st 2416. 152 Seiten

Barbara Köhler
- Blue Box. Gedichte. 59 Seiten. Leinen
- Deutsches Roulette. Gedichte. es 1642. 85 Seiten
- Wittgensteins Nichte. vermischte schriften / mixed media. es 2153. 175 Seiten

Uwe Kolbe
- Abschiede. Und andere Liebesgedichte. es 1178. 82 Seiten
- Bornholm II. Gedichte. es 1402. 106 Seiten
- Hineingeboren. Gedichte. 1975-1979. es 1110. 137 Seiten
- Nicht wirklich platonisch. Gedichte. 98 Seiten
- Renegatentermine. 228 Seiten
- Vaterlandkanal. Ein Fahrtenbuch. 86 Seiten.
- Vineta. Gedichte. 1998. 68 Seiten. Gebunden

Christian Lehnert
- Der Augen Aufgang. Gedichte. es 2101. 100 Seiten
- Der gefesselte Sänger. Gedichte. es 2028. 92 Seiten

Jo Lendle
- Unter Mardern. es 2111. 100 Seiten

Andreas Maier
- Wäldchestag. Roman. 350 Seiten

Thomas Meinecke
- The Church of John F. Kennedy. Roman. 245 Seiten
- Holz. Erzählung. st 3010. 112 Seiten
- Mode & Verzweiflung. st 2821. 129 Seiten
- Tomboy. Roman. st 3118. 251 Seiten

Bodo Morshäuser
- Die Berliner Simulation. Erzählung. 138 Seiten
- Blende. Erzählung. 161 Seiten. Broschur
- Hauptsache Deutsch. 1992. es 1626. 205 Seiten

- Liebeserklärung an eine häßliche Stadt. Berliner Gefühle.
  st 2933. 155 Seiten
- Nervöse Leser. Erzählung. 150 Seiten. Broschur
- Revolver. Vier Erzählungen. es 1465. 140 Seiten
- Tod in New York City. Roman. 140 Seiten. Gebunden
- Warten auf den Führer. es 1879. 142 Seiten
- Der weiße Wannsee. Ein Rausch. st 2713. 192 Seiten

Sabine Neumann
- Streit. Erzählungen. st 2119. 140 Seiten

Andreas Neumeister
- Äpfel vom Baum im Kies. 1988. 261 Seiten
- Ausdeutschen. Roman. 132 Seiten. Gebunden
- Gut laut. Roman. 132 Seiten. Gebunden
- Salz im Blut. 195 Seiten. Gebunden

José F. A. Oliver
- fernlautmetz. Gedichte. es 2212. 80 Seiten

Albert Ostermaier
- fremdkörper hautnah. Gedichte. es 2032. 100 Seiten
- Heartcore. Gedichte. Mit CD. 110 Seiten
- Herz Vers Sagen. Gedichte. es 1950. 73 Seiten
- The Making Of. Radio Noir. Stücke. es 2130. 192 Seiten
- Tatar Titus. Stücke. 198 Seiten. Gebunden

Doron Rabinovici
- Papirnik. Stories. es 1889. 134 Seiten
- Suche nach M. Roman in zwölf Episoden.
  287 Seiten. Gebunden

Patrick Roth
- Die Christus-Trilogie. Drei Bände mit CD. 436 Seiten. Gebunden in Kassette
- Corpus Christi. st 3064. 180 Seiten
- Johnny Shines oder Die Wiedererweckung der Toten. Seelenrede. st 2783. 163 Seiten. Gebunden
- Meine Reise zu Chaplin. Ein Encore. 80 Seiten. Gebunden
- Riverside. Christusnovelle. st 2568. 93 Seiten

Ralf Rothmann
- Berlin Blues. Schauspiel. 100 Seiten. Bütten-Broschur
- Flieh, mein Freund! Roman. st 3112. 280 Seiten
- Gebet in Ruinen. Gedichte. 72 Seiten
- Kratzer und andere Gedichte. st 1824. 85 Seiten
- Messers Schneide. Erzählung. st 1633. 133 Seiten
- Milch und Kohle. Roman. 211 Seiten. Gebunden
- Stier. Roman. st 2255. 372 Seiten. Leinen
- Wäldernacht. Roman. st 2582. 304 Seiten
- Der Windfisch. Erzählung. 133 Seiten. Broschur

Lutz Seiler
- pech & blende. Gedichte. es 2161. 90 Seiten

Jamal Tuschik
- Keine große Geschichte. Roman. es 2166. 200 Seiten

Anne Weber
- Am Anfang war. 200 Seiten
- Ida erfindet das Schießpulver. es 2108. 120 Seiten

Peter Weber
- Silber und Salbader. Roman. 306 Seiten. Gebunden
- Der Wettermacher. Roman. st 2547. 316 Seiten